Dr. Oetker alles selbst gemacht

Brotaufstriche

Dr. Oetker alles selbst gemacht

Brotaufstriche

Dr. Oetker Verlag

Vorwort

Liebevoll selbst gemachte Brotaufstriche sind eine willkommene Alternative zu den üblichen fertig gekauften Brotbelägen.

Unsere Rezeptideen zeigen Ihnen, wie Sie abwechslungsreich und einfach Brotaufstriche zubereiten können, ganz gleich ob Sie es lieber vegetarisch, mit Fleisch oder Fisch, pikant, scharf oder süß mögen.

Die Vorteile von selbst Gemachtem liegen auf der Hand: Sie wissen, welche Zutaten Sie in „Ihrem" Aufstrich verarbeiten und als kleines Mitbringsel für Freunde und Bekannte, liegt selbst Gemachtes voll im Trend.

Die Rezepte wurden von Dr. Oetker ausprobiert und sind so beschrieben, dass sie leicht nachzuarbeiten sind.

Abkürzungen

EL	=	Esslöffel
TL	=	Teelöffel
Msp.	=	Messerspitze
Pck.	=	Packung/Päckchen
g	=	Gramm
kg	=	Kilogramm
ml	=	Milliliter
l	=	Liter
Min.	=	Minuten
Std.	=	Stunden
evtl.	=	eventuell
geh.	=	gehäuft
gestr.	=	gestrichen
TK	=	Tiefkühlprodukt

Hinweise zu den Rezepten

In jedem Rezept wird die Menge des Brotaufstriches angegeben. Günstig ist es den Aufstrich in jeweils 2 Gläser abzufüllen, eines zum selbst Genießen und eines zum Verschenken. Verarbeiten Sie möglichst frische Zutaten. Beschriften Sie die Gläser immer mit dem Zubereitungsdatum. Bewahren Sie die Brotaufstriche immer im Kühlschrank auf. Lesen Sie bitte vor der Zubereitung das Rezept einmal vollständig durch. Oft werden Arbeitsabläufe oder -zusammenhänge dann klarer. Die in den Rezepten angegebenen Garzeiten sind Richtwerte, die je nach individueller Hitzeleistung des Herdes über- oder unterschritten werden können.

Zubereitungszeiten

Die Zubereitungszeit beinhaltet nur die Zeit für die eigentliche Zubereitung. Längere Wartezeiten, wie z. B. Kühlzeiten sind nicht einbezogen.

Schafkäsetatar

etwa 300 g

Zubereitungszeit: 20 Minuten
Haltbarkeit: gekühlt etwa 4 Tage

Zutaten:

200 g	Schafkäse
1	rote Zwiebel
1	Knoblauchzehe
50 g	schwarze Oliven, trocken eingelegt
1 Bund	glatte Petersilie
3 EL	Olivenöl
	frisch gemahlener Pfeffer

1. Schafkäse in kleine Würfel schneiden. Zwiebel und Knoblauch abziehen und in feine Würfel schneiden.
2. Oliven entsteinen und in Stücke schneiden. Petersilie abspülen, trockentupfen und die Blättchen von den Stängeln zupfen. Blättchen fein hacken.
3. Schafkäse-, Zwiebel- und Knoblauchwürfel mit dem Olivenöl verrühren, dabei den Schafkäse mit einer Gabel fein zerdrücken. Olivenstücke und gehackte Petersilie unterheben. Schafkäsetatar mit Pfeffer abschmecken.
4. Schafkäsetatar in 2 gründlich gereinigte, gespülte und getrocknete Gläser füllen. Gläser mit Deckeln fest verschließen und kalt stellen.

Brotempfehlung: Oliven-Ciabatta oder frisches Fladenbrot.

Tipp: Füllen Sie grüne Spitzpaprika mit dem Schafkäsetatar.

Frühlingszwiebelaufstrich

etwa 500 g – im Foto unten

Zubereitungszeit: 15 Minuten
Haltbarkeit: gekühlt 3–4 Tage

Zutaten:

1 Bund	Frühlingszwiebeln
1 Bund	Schnittlauch
250 g	Magerquark
200 g	Doppelrahm-Frischkäse
2 EL	Crème fraîche
1 EL	TK-Gartenkräuter oder gehackte gemischte Kräuter
	Salz
	frisch gemahlener Pfeffer

1. Frühlingszwiebeln putzen, waschen und abtropfen lassen. Frühlingszwiebeln fein hacken. Schnittlauch abspülen, trockentupfen und in Röllchen schneiden.
2. Quark mit Frischkäse und Crème fraîche zu einer cremigen Masse verrühren. Gehackte Frühlingszwiebeln, Schnittlauchröllchen und TK-Kräuter unterrühren und mit Salz und Pfeffer abschmecken.
3. Den Aufstrich in 2 gründlich gereinigte, gespülte und getrocknete Gläser füllen, mit einem Deckel fest verschließen und kalt stellen.

Brotempfehlung: Dunkles Roggenvollkornbrot.

Tipp: Zum Garnieren Frühlingszwiebelringe und Schnittlauchröllchen vorbereiten.

Schafkäse-Bärlauch-Aufstrich

etwa 550 g – im Foto oben

Zubereitungszeit: 20 Minuten
Haltbarkeit: gekühlt 3–4 Tage

Zutaten:

1 Bund	Bärlauch (etwa 100 g)
150 g	Schafkäse
200 g	Doppelrahm-Frischkäse
100 ml	Olivenöl
2 EL	Milch
	Salz

1. Bärlauch verlesen und evtl. dickere Stiele entfernen. Bärlauch abspülen, abtropfen lassen und fein schneiden bzw. mit einem Zerkleinerer fein hacken.
2. Schafkäse in kleine Stücke schneiden und mit Frischkäse, Olivenöl und Milch verrühren. Bärlauch unterrühren und alles pürieren, evtl. mit Salz abschmecken.
3. Den Aufstrich in 2 gründlich gereinigte, gespülte und getrocknete Gläser füllen, mit einem Deckel fest verschließen und kalt stellen.

Brotempfehlung: Haferflockenvollkornbrot.

Tipp: Eine halbe, gewürfelte Paprikaschote zum Garnieren bereitstellen.

Linsenpaste

etwa 500 g

Zubereitungszeit: 30 Minuten, ohne Abkühlzeit
Haltbarkeit: gekühlt 3–4 Tage

Zutaten:

150 g	Linsen, z. B. rote Linsen
300 ml	Gemüsebrühe
1	Zwiebel
150 g	Mangofruchtfleisch
1 EL	Currypulver
2 EL	Leinöl
	Salz
	frisch gemahlener Pfeffer

1. Linsen mit der Gemüsebrühe in einen Topf geben und zum Kochen bringen. Linsen zugedeckt bei mittlerer Hitze etwa 12 Minuten köcheln lassen (die Flüssigkeit soll von den Linsen vollständig aufgenommen werden). Linsen erkalten lassen, dabei gelegentlich umrühren und die Linsen mithilfe einer Gabel zerdrücken.
2. Zwiebel abziehen, halbieren und in feine Würfel schneiden. Von der Mango das Fruchtfleisch vom Stein schneiden. Mango schälen und das Fruchtfleisch fein würfeln.
3. Linsen mit den Zwiebel- und Mangowürfeln verrühren. Leinöl und Currypulver unterrühren. Linsenpaste mit Salz und Pfeffer abschmecken.
4. Die Linsenpaste in 2 gründlich gereinigte, gespülte und getrocknete Gläser füllen. Die Gläser mit einem Deckel fest verschließen und kalt stellen.

Brotempfehlung: Vollkornbrot.

Tipp: Aufgestrichene Linsenpaste mit gehackter Petersilie bestreuen.

Griechische Käsecreme

etwa 500 g

Zubereitungszeit: 20 Minuten
Haltbarkeit: gekühlt etwa 1 Woche

Zutaten:

250 g	Schafkäse
3	Zwiebeln
4	Knoblauchzehen
250 g	weiche Butter
	frisch gemahlener Pfeffer

1. Schafkäse in kleine Stücke schneiden und diese mit einer Gabel zerdrücken.
2. Zwiebeln und Knoblauch abziehen. Zwiebeln halbieren und fein würfeln. Knoblauch durch eine Knoblauchpresse drücken.
3. Butter, Knoblauch und Käse grob pürieren, mit Pfeffer abschmecken. Zwiebelwürfel unterrühren.
4. Käsecreme in 2 gründlich gereinigte, gespülte und getrocknete Gläser füllen, mit einem Deckel fest verschließen, kalt stellen.

Brotempfehlung: Weiß- oder Fladenbrot.

Ajvar-Tomaten-Aufstrich

etwa 250 g – Titelrezept

Zubereitungszeit: 20 Minuten
Haltbarkeit: gekühlt etwa 5 Tage

Zutaten:

2	Tomaten
200 g	Doppelrahm-Frischkäse
2 EL	Ajvar (Paprikamus)
	Salz
	frisch gemahlener Peffer

1. Tomaten waschen, abtropfen lassen, kreuzweise einschneiden, mit kochendem Wasser übergießen. Anschließend mit kaltem Wasser abschrecken. Tomaten enthäuten, vierteln und die Stängelansätze herausschneiden. Tomaten in kleine Würfel schneiden.
2. Frischkäse mit Ajvar verrühren und mit Salz und Pfeffer abschmecken. Tomatenwürfel unterrühren.
3. Den Aufstrich in 2 gründlich gereinigte, gespülte und getrocknete Gläser füllen und mit einem Deckel fest verschließen, kalt stellen.

Brotempfehlung: Ciabatta oder Stangenweißbrot.

Grüner Tofuaufstrich

etwa 480 g – Vorwortfoto

Zubereitungszeit: 20 Minuten
Haltbarkeit: gekühlt etwa 5 Tage

Zutaten:

325 g	Tofu
1	Zwiebel
1	Knoblauchzehe
8–10	gemischte Kräuterstängel, z. B. Petersilie, Basilikum, Dill, Schnittlauch
1 EL	Sesamöl
2 EL	Sojasauce
1 TL	Sambal Oelek
	Salz

1. Tofu abtropfen lassen, in kleine Würfel schneiden und grob pürieren. Zwiebel und Knoblauch abziehen und ebenfalls in feine Würfel schneiden.
2. Kräuter abspülen, trockentupfen und die Blättchen bzw. Spitzen von den Stängeln zupfen. Kräuterblättchen, -spitzen und Schnittlauch fein hacken.
3. Sesamöl mit Sojasauce und Sambal Oelek verrühren. Gehackte Kräuter und Tofu-, Zwiebel- und Knoblauchwürfel unterrühren. Tofuaufstrich mit Salz abschmecken und in 2 gründlich gereinigte, gespülte und getrocknete Gläser füllen. Gläser mit Deckeln fest verschließen und kalt stellen.

Brotempfehlung: Grau- oder Roggenmischbrot.

Ziegenfrischkäseaufstrich

etwa 350 g

Zubereitungszeit: 20 Minuten
Haltbarkeit: gekühlt etwa 4 Tage

Zutaten:

30 g	Sonnenblumenkerne
1	Rosmarinstängel
1	Thymianstängel
300 g	Ziegenfrischkäse
2 EL	flüssiger Honig, z. B. Sommerblütenhonig
	frisch gemahlener Pfeffer
	Salz

1. Sonnenblumenkerne in einer Pfanne ohne Fett goldbraun rösten und abkühlen lassen.
2. Kräuter abspülen und trockentupfen. Nadeln bzw. Blättchen von den Stängeln zupfen und die Nadeln bzw. Blättchen fein hacken.
3. Ziegenfrischkäse mit Honig verrühren und mit Thymian, Rosmarin, Pfeffer und Salz würzen. Sonnenblumenkerne unter den Aufstrich rühren und in 2 gründlich gereinigte, gespülte und getrocknete Gläser füllen. Die Gläser mit Deckeln fest verschließen und kalt stellen.

Brotempfehlung: Geröstete Baguette- oder Ciabattascheiben.

Tipp: Wenn Sie keinen Ziegenfrischkäse mögen, können Sie diesen durch Naturjoghurt (10 % Fett) ersetzen.

GRÜNER
TOFU-
AUFSTRICH

Schnittlauchbutter

etwa 250 g

Zubereitungszeit: 10 Minuten
Haltbarkeit: gekühlt etwa 5 Tage

Zutaten:

1 Bund	Schnittlauch
250 g	weiche Butter
	Salz
	frisch gemahlener Pfeffer

1. Schnittlauch abspülen, trockentupfen und in feine Röllchen schneiden. Die Butter mit Schnittlauchröllchen verrühren und mit Salz und Pfeffer abschmecken.
2. Schnittlauchbutter in 2 kleine gründlich gereinigte, gespülte und getrocknete Gläser füllen und mit Deckeln fest verschließen.

Brotempfehlung: Frisch getoastetes Toastbrot.

Tipp: Für Senf- oder Meerrettichbutter können Sie die Schnittlauchröllchen durch 6 Esslöffel frisch geriebenen Meerrettich bzw. durch 5 Esslöffel mittelscharfen Senf und 3 Esslöffel Zitronensaft ersetzen.

Krabbenbutter

etwa 200 g

Zubereitungszeit: 15 Minuten
Haltbarkeit: gekühlt 3–4 Tage

Zutaten:

50 g	geschälte Krabben
4 TL	Krabbenpaste (aus der Tube)
150 g	weiche Butter
	Salz
	frisch gemahlener Pfeffer
1 EL	Cognac

1. Krabben evtl. abtropfen lassen und in kleine Stücke schneiden. Krabbenstücke mit Krabbenpaste und Butter verrühren und mit Salz, Pfeffer und Cognac abschmecken.
2. Krabbenbutter in 2 kleine gründlich gereinigte, gespülte und getrocknete Gläser füllen und mit Deckeln fest verschließen.

Brotempfehlung: Stangenweißbrot.

Tipp: Zum Garnieren 50 g geschälte Krabben und 1–2 Esslöffel gehackte Petersilie bereitstellen.

Sprossenaufstrich

etwa 400 g – im Foto links

Zubereitungszeit: 15 Minuten
Haltbarkeit: gekühlt 3–4 Tage

Zutaten:

200 g	frische gemischte Sprossen, z. B. Mungobohnen-und Sojasprossen
1 Bund	glatte Petersilie
160 g	Joghurt-Salat-Creme
80 g	Speisequark (20 % Fett)
3 EL	Weizenkeime (Granulat)
	Salz
	frisch gemahlener Pfeffer
	Zucker

1. Die Sprossen in ein Sieb geben, unter fließendem kalten Wasser abspülen und gut abtropfen lassen (evtl. auf Küchenpapier legen). Sprossen je nach Größe in kleinere Stücke schneiden.
2. Petersilie abspülen und trockentupfen. Die Blättchen von den Stängeln zupfen. Blättchen fein hacken. Joghurt-Salat-Creme mit Quark verrühren. Sprossen, Petersilie und Weizenkeime unterrühren.
3. Den Sprossenaufstrich mit Salz, Pfeffer und Zucker abschmecken und in 2 gründlich gereinigte, gespülte und getrocknete Gläser füllen. Die Gläser mit Deckeln fest verschließen und kalt stellen.

Brotempfehlung: Kasselerbrot.

Tipp: Etwas würziger schmeckt der Sprossenaufstrich, wenn Sie Senf- oder Rettichsprossen verarbeiten.

Möhrenaufstrich

etwa 480 g – im Foto rechts

Zubereitungszeit: 30 Minuten
Haltbarkeit: gekühlt 3–4 Tage

Zutaten:

220 g	Möhren
200 g	Speisequark
	Saft von 1 Orange
1 EL	flüssiger Honig, z. B. Sommerblüten
2 EL	Hefeflocken
2 EL	Haferflocken
2 EL	Rosinen
	Salz

1. Möhren putzen, schälen, waschen, abtropfen lassen und fein raspeln. Quark mit Orangensaft und Honig verrühren. Möhrenraspel, Hefe-, Haferflocken und Rosinen unterrühren.
2. Den Aufstrich mit Salz abschmecken und in 2 gründlich gereinigte, gespülte und getrocknete Gläser füllen. Die Gläser mit Deckeln fest verschließen und kalt stellen.

Brotempfehlung: Kürbiskern- oder Sonnenblumenkernbrot- oder brötchen.

Tipp: Würzen Sie den Aufstrich mit fein gehacktem Kerbel oder Koriander.

Roter Frischkäse-Pesto-Aufstrich

etwa 500 g

Zubereitungszeit: 30 Minuten
Haltbarkeit: gekühlt 3–4Tage

Zutaten:

30 g	Pinienkerne
50 g	getrocknete, in Öl eingelegte Tomaten
1/2 Bund	Basilikum
200 g	Doppelrahm-Frischkäse
200 g	Ziegen-Frischkäse, z. B. Chavroux
etwa 50 g	rotes Pesto (aus dem Glas)
	Salz
	frisch gemahlener Pfeffer

1. Pinienkerne in einer Pfanne ohne Fett goldbraun rösten und abkühlen lassen.
2. Tomaten in einem Sieb abtropfen lassen und in kleine Stücke schneiden.
3. Basilikum kalt abspülen, trockentupfen, die Blättchen von den Stängeln zupfen. Blättchen in feine Streifen schneiden. Pinienkerne fein hacken.
4. Beide Frischkäsesorten mit dem Pesto glatt rühren. Pinienkerne, Tomatenstücke und Basilikumstreifen zufügen, mit Salz und Pfeffer würzen.
5. Frischkäse-Pesto-Aufstrich in 2 gründlich gereinigte, gespülte, getrocknete Gläser füllen. Die Gläser mit Deckeln fest verschließen und kalt stellen.

Brotempfehlung: Baguette.

Tipp: Servieren Sie den Frischkäse-Pesto-Aufstrich in Nockenform auf Rucola und mit Pinienkernen bestreut.

Kartoffelaufstrich

etwa 400 g – im Foto links

Zubereitungszeit: 30 Minuten, ohne Abkühlzeit
Haltbarkeit: gekühlt etwa 5 Tage

Zutaten:

300 g	mehlig kochende Kartoffeln
1 gestr. TL	Salz
1	Zwiebel
2 EL	Leinöl
1 Becher (150 g)	Crème fraîche
1 Bund	Petersilie
1 Bund	Schnittlauch
	frisch gemahlener Pfeffer

1. Kartoffeln waschen, schälen und abspülen. Kartoffeln und Salz in einen Topf geben, knapp mit Wasser bedecken und zum Kochen bringen. Kartoffeln zugedeckt etwa 20 Minuten kochen lassen und anschließend abgießen. Kartoffeln grob zerstampfen und erkalten lassen.
2. Zwiebel abziehen, halbieren und fein würfeln. Leinöl mit Crème fraîche verrühren und mit den Zwiebelwürfeln unter die zerstampften Kartoffeln geben.
3. Petersilie und Schnittlauch abspülen und trockentupfen. Blättchen von den Petersilienstängeln zupfen. Blättchen fein hacken. Schnittlauch in feine Röllchen schneiden. Kräuter unter den Kartoffelaufstrich rühren.
4. Kartoffelaufstrich mit Salz und Pfeffer abschmecken und in 2 gründlich gereinigte, gespülte und getrocknete Gläser füllen. Die Gläser mit Deckeln fest verschließen und kalt stellen.

Brotempfehlung: Roggenmischbrot, Kasseler Brot oder Doppelbackbrot.

Champignon-Kräuter-Aufstrich

etwa 500 g – auch Vorwortfoto links

Zubereitungszeit: 30 Minuten, ohne Abkühlzeit
Haltbarkeit: gekühlt etwa 5 Tage

Zutaten:

400 g	Champignons
1	Zwiebel
60 g	getrocknete Tomaten, in Öl eingelegt
3 EL	Olivenöl
	Salz, frisch gemahlener Pfeffer
einige	Thymian- und Rosmarinstängel
100 g	Magerquark
50 g	Naturjoghurt
100 g	Schafkäse

1. Champignons putzen, mit Küchenpapier abreiben, evtl. abspülen, abtropfen lassen und in kleine Würfel schneiden. Zwiebel abziehen und fein würfeln.
2. Tomaten in einem Sieb abtropfen lassen und in kleine Stücke schneiden. Olivenöl in einer Pfanne erhitzen und die Zwiebeln darin anbraten. Champignons hinzufügen und unter Rühren etwa 10 Minuten braten. Tomatenstücke unterrühren. Die Champignonmasse mit Salz und Pfeffer würzen und erkalten lassen.
3. Kräuterstängel abspülen, trockentupfen und die Blättchen bzw. Nadeln von den Stängeln zupfen. Blättchen oder Nadeln fein hacken.
4. Quark mit Joghurt verrühren. Schafkäse fein zerkrümeln, mit der Champignonmasse pürieren und unter die Quarkmasse rühren. Gehackte Kräuter unterrühren. Aufstrich mit Salz und Pfeffer würzen.
5. Champignon-Kräuter-Aufstrich in 2 gründlich gereinigte, gespülte und getrocknete Gläser füllen. Diese mit Deckeln fest verschließen und kalt stellen.

Basilikum-Käse-Aufstrich

etwa 500 g – im Foto unten

Zubereitungszeit: 30 Minuten
Haltbarkeit: gekühlt 3–4 Tage

Zutaten:

25 g	Pinienkerne
200 g	Schafkäse
1	Knoblauchzehe
150 g	weiche Butter
100 ml	Schlagsahne
40 g	geriebener Parmesan-Käse
2 Pck.	TK-Basilikum (je 25 g)

1. Pinienkerne in einer Pfanne ohne Fett unter Rühren rösten, erkalten lassen und fein hacken. Schafkäse in kleine Stücke schneiden, mit einer Gabel zerdrücken. Knoblauch abziehen und durch eine Knoblauchpresse drücken.
2. Käsebrösel mit Butter, Sahne und gehackten Pinienkernen pürieren. Parmesan-Käse, Knoblauch und Basilikum unterrühren.
3. Basilikum-Käse-Aufstrich in 2 gründlich gereinigte, gespülte und getrocknete Gläser füllen und mit Deckeln fest verschließen, kalt stellen.

Brotempfehlung: Ciabatta.

Tipp: Zum Garnieren zusätzlich geröstete Pinienkerne zubereiten. Sie können den Aufstrich auch mit frischem Basilikum zubereiten.

Frischkäseaufstrich mit Zwiebeln

etwa 500 g – im Foto oben

Zubereitungszeit: 15 Minuten, ohne Abkühlzeit
Haltbarkeit: gekühlt 3–4 Tage

Zutaten:

200 g	Doppelrahm-Frischkäse
100 ml	Schlagsahne
	frisch gemahlener Pfeffer
2 TL	China-Gewürzmischung
1 Bund	Frühlingszwiebeln

1. Frischkäse mit Sahne verrühren, mit Pfeffer und Chinagewürz abschmecken. Frühlingszwiebeln putzen, waschen, halbieren und in feine Ringe schneiden. Frühlingszwiebelringe unter den Aufstrich rühren.
2. Den Frischkäseaufstrich in 2 gründlich gereinigte, gespülte und getrocknete Gläser füllen und mit Deckeln fest verschließen, kalt stellen. Vor dem Servieren den Aufstrich gut umrühren.

Brotempfehlung: Vollkorn- oder Roggenmischbrot.

Paprika-Frischkäse-Aufstrich

etwa 500 g – im Foto Seite 24 Mitte

Zubereitungszeit: 15 Minuten
Haltbarkeit: gekühlt 3–4 Tage

Zutaten:

je 1 kleine	rote, grüne und gelbe Paprikaschote
400 g	Doppelrahm-Frischkäse
75 g	Crème fraîche
1–2 TL	Paprikapulver edelsüß
	Salz
	frisch gemahlener Pfeffer

1. Paprikaschoten halbieren, entstielen, entkernen und die weißen Scheidewände entfernen. Schoten waschen, gut abtropfen lassen und in sehr kleine Würfel schneiden.
2. Frischkäse mit Crème fraîche verrühren, Paprikawürfel unterrühren, mit Paprikapulver, Salz und Pfeffer abschmecken.
3. Paprika-Frischkäse-Aufstrich in 2 gründlich gereinigte, gespülte und getrocknete Gläser füllen und mit Deckeln fest verschließen, kalt stellen.

Brotempfehlung: Fladenbrot.

Harzer Käse zum Streichen

etwa 480 g – Foto

Zubereitungszeit: 20 Minuten
Haltbarkeit: gekühlt 3–4 Tage

Zutaten:

200 g	Harzer Käse
3	Frühlingszwiebeln
200 g	Naturjoghurt (10 % Fett)
2 EL	Rotweinessig
1 TL	mittelscharfer Senf
1 EL	Speiseöl, z. B. Olivenöl
1 TL	Kümmelsamen
	frisch gemahlener Pfeffer

1. Harzer Käse in kleine Würfel schneiden. Frühlingszwiebeln putzen, waschen, abtropfen lassen und feine Ringe schneiden.
2. Joghurt mit Essig und Senf verrühren, Öl unterschlagen. Kümmelsamen, Frühlingszwiebelringe und Käsewürfel unterrühren. Den Aufstrich mit Pfeffer abschmecken.
3. Den Aufstrich in 2 gründlich gereinigte, gespülte und getrocknete Gläser füllen, diese mit Deckeln fest verschließen und kalt stellen.

Brotempfehlung: Bauern- oder Mischbrot.

Angemachter Camembertaufstrich

etwa 450 g – im Foto links oben

Zubereitungszeit: 30 Minuten
Haltbarkeit: gekühlt etwa 5 Tage

Zutaten:

1 große	Zwiebel
400 g	Camembert
5–6 EL	Schlagsahne oder Milch
3–4 gestr. TL	Paprikapulver edelsüß
1 Bund	Schnittlauch
	frisch gemahlener Pfeffer

1. Zwiebel abziehen und in feine Würfel schneiden. Camembert in kleine Stücke schneiden, mithilfe einer Gabel Camembertstücke mit Zwiebelwürfeln, Sahne oder Milch und Paprikapulver verrühren. Die Camembertstücke dabei mit der Gabel zerdrücken.
2. Schnittlauch abspülen, trockentupfen und in feine Röllchen schneiden. Schnittlauchröllchen unter die Camembertmasse rühren und die Masse mit Pfeffer abschmecken.
3. Den Aufstrich in 2 gründlich gereinigte, gespülte und getrocknete Gläser füllen, mit Deckeln fest verschließen und kalt stellen.

Brotempfehlung: Kräcker oder Weißbrot.

Tipp: Schnittlauchröllchen zum Garnieren bereitstellen.

Emmentaler-Käse-Creme

etwa 350 g – im Foto rechts unten

Zubereitungszeit: 30 Minuten
Haltbarkeit: etwa 5 Tage

Zutaten:

etwa 50 g	Rucola (Rauke)
250 g	Emmentaler-Käse
50 g	Butter
3 EL	Weißweinessig oder Balsamico bianco
	Salz
	frisch gemahlener Pfeffer

1. Rucola verlesen und dicke Stängel abschneiden. Rucola waschen und trockenschleudern. Rucola klein schneiden.
2. Vom Käse evtl. die Rinde abschneiden. Käse in kleine Stücke schneiden. Käsestücke mit Butter und Weißweinessig in einen Zerkleinerer füllen und zu einer cremigen Masse verarbeiten. Die Käsemasse mit Salz und Pfeffer würzen.
3. Zerkleinerten Rucola unter die Käsemasse rühren und den Aufstrich in 2 gründlich gereinigte, gespülte und getrocknete Gläser füllen. Gläser mit Deckeln fest verschließen und kalt stellen.

Brotempfehlung: Schwarzbrot oder kerniges Vollkornbrot.

Tipp: Wer keinen Zerkleinerer zur Verfügung hat, kann auch geriebenen Käse verwenden. Zum Garnieren eignen sich Rucolablätter und Silberzwiebeln.

Pikanter Erdnussaufstrich

etwa 500 g

Zubereitungszeit: 30 Minuten, ohne Abkühlzeit
Haltbarkeit: gekühlt etwa 5 Tage

Zutaten:

280 g	Hähnchenbrustfilet
	Salz
	frisch gemahlener Pfeffer
3 EL	Rapsöl
1	Zwiebel
2	Knoblauchzehen
100 g	Erdnusscreme
1 TL	Sambal Oelek
250 g	Naturjoghurt (10 % Fett)

1. Hähnchenbrustfilet unter fließendem kalten Wasser abspülen, trockentupfen und in kleine Würfel schneiden, mit Salz und Pfeffer würzen. Rapsöl in einer Pfanne erhitzen und die Hähnchenbrustwürfel darin unter Rühren knusprig anbraten und 3–4 Minuten weiterbraten.
2. Zwiebel und Knoblauch abziehen, in feine Würfel schneiden und in der Pfanne mitbraten. Die Pfanne von der Kochstelle nehmen und Erdnusscreme, Sambal Oelek und Joghurt mit den Hähnchenwürfeln in der Pfanne verrühren.
3. Die Pfanne wieder auf die Kochstelle stellen und alles einmal unter Rühren kurz aufkochen lassen. Anschließend erkalten lassen und in 2 gründlich gereinigte, gespülte, getrocknete Gläser füllen. Gläser mit Deckeln fest verschließen und kalt stellen.

Brotempfehlung: Frisches Baguette oder Sonnenblumenkernbrot.

Puten-Champignon-Aufstrich „Exotik“

etwa 500 g

Zubereitungszeit: 30 Minuten, ohne Abkühlzeit
Haltbarkeit: gekühlt etwa 3 Tage

Zutaten:

100 g	Champignons
250 g	Putenschnitzel
3 EL	Speiseöl, z. B. Rapsöl
	Salz
1 TL	Currypulver
1 Msp.	Chilipulver
1 Dose	Ananasstücke (Abtropfgewicht 140 g)
	Saft von 1 Orange
100 g	Mayonnaise

1. Champignons putzen, mit Küchenpapier abreiben, evtl. abspülen und abtropfen lassen. Champignons in kleine Stücke schneiden.
2. Putenschnitzel unter fließendem kalten Wasser abspülen, trockentupfen und in kleine Würfel schneiden. Speiseöl in einer Pfanne erhitzen und die Putenwürfel darin anbraten. Champignonstücke hinzufügen und mitbraten.
3. Puten-Champignon-Mischung unter gelegentlichem Rühren etwa 8 Minuten braten und mit Salz, Curry- und Chilipulver würzen.
4. Ananas in einem Sieb abtropfen lassen. Orangensaft und Ananasstücke unter die Puten-Champignion-Mischung rühren und die Mischung erkalten lassen.
5. Puten-Champignon-Mischung grob pürieren und mit der Mayonnaise verrühren. Den Aufstrich in 2 gründlich gereinigte, gespülte und getrocknete Gläser füllen. Die Gläser mit Deckeln fest verschließen und kalt stellen.

Brotempfehlung: Brötchen oder Weißbrot.

Grieben- und Apfelschmalz

etwa 300 g

Zubereitungszeit: 30 Minuten, ohne Akkühlzeit
Haltbarkeit: gekühlt etwa 3 Wochen

Zutaten:

250 g	geräucherter fetter Speck
1 große	Zwiebel
1 kleiner	säuerlicher Apfel
1 TL	gerebelter Majoran

1. Speck in feine Würfel schneiden und in einer Pfanne mit hohem Rand auslassen.
2. Zwiebel abziehen und in feine Würfel schneiden, zu dem ausgelassenen Speck in die Pfanne geben und goldgelb werden lassen. Die Hälfte des flüssigen Schmalzes etwas abkühlen lassen, dann in ein gründlich gereinigtes, gespültes und getrocknetes feuerfestes Glas füllen.
3. Apfel waschen, abtrocknen, vierteln und entkernen. Apfelviertel fein würfeln und zu dem restlichen Schmalz in die Pfanne geben. Etwa 5 Minuten ziehen lassen und von der Kochstelle nehmen. Majoran unterrühren.
4. Apfelschmalz etwas abkühlen lassen und ebenfalls in ein gründlich gereinigtes, gespültes und getrocknetes feuerfestes Glas füllen. Schmalzsorten erkalten lassen, dabei gelegentlich umrühren und mit Deckeln fest verschließen, kalt stellen.

Brotempfehlung: Mischbrot.

Tipp: Nach Belieben Apfelschmalzschnitten mit in Zitrone eingelegten dünnen Apfelspalten bzw. Griebenschmalzschnitten mit in Scheiben geschnittenem Harzer Käse und roten Zwiebelringen oder Schnittlauchröllchen garnieren.

Putenleberaufstrich

etwa 400 g

Zubereitungszeit: 25 Minuten, ohne Abkühlzeit
Haltbarkeit: gekühlt 2–3 Tage

Zutaten:

320 g	frische Putenleber
3 EL	Rapsöl
1	rote Zwiebel
40 ml	trockener Sherry
4	Salbeiblätter
40 g	Korinthen
30 g	geräucherte Schinkenwürfel
150 g	Naturjoghurt (10 % Fett)
	Salz
	frisch gemahlener Pfeffer

1. Leber unter fließendem kalten Wasser abspülen, trockentupfen und in etwa 1 cm große Würfel schneiden. Rapsöl in einer Pfanne erhitzen und die Leberwürfel bei mittlerer Hitze darin braten.
2. Zwiebel abziehen, halbieren und in kleine Würfel schneiden. Zwiebelwürfel mit in die Pfanne geben und kurz mitbraten lassen. Sherry hinzugießen und alles unter Rühren kurz aufkochen lassen. Dann die Lebermasse erkalten lassen.
3. Salbeiblätter fein zerschneiden und mit Korinthen und Schinkenwürfeln zur Lebermasse geben. Masse fein pürieren, Joghurt unterrühren und mit Salz und Pfeffer abschmecken.
4. Putenleberaufstrich in 2 gründlich gereinigte, gespülte, getrocknete Gläser füllen. Die Gläser mit Deckeln fest verschließen und kalt stellen.

Brotempfehlung: Warmes Fladenbrot.

Schinken-Mango-Aufstrich

etwa 500 g

Zubereitungszeit: 20 Minuten
Haltbarkeit: gekühlt 3–4 Tage

Zutaten:

1 kleine	Porreestange (Lauch)
160 g	Mangofruchtfleisch
70 g	gekochter Schinken
50 g	Knochenschinken
200 g	Frischkäse (17 % Fett)
	Salz
	frisch gemahlener Pfeffer
knapp 1/4 TL	Tabasco
	Zucker

1. Von dem Porree die Außenblätter entfernen, Wurzelende und dunkles Grün abschneiden, die Stange seitlich einschneiden, gründlich waschen und abtropfen lassen. Porree in feine Streifen schneiden.
2. Mango halbieren, das Fruchtfleisch vom Stein schneiden. Fruchtfleisch schälen und fein würfeln. Beide Schinkensorten in kleine Würfel schneiden.
3. Frischkäse glatt rühren. Schinken-, Mangowürfel und Porreestreifen unterrühren. Den Aufstrich mit Salz, Pfeffer, Tabasco und Zucker abschmecken und in 2 gründlich gereinigte, gespülte und getrocknete Gläser füllen. Die Gläser mit Deckeln fest verschließen und kalt stellen.

Brotempfehlung: Weizenmischbrot.

Entenbrustaufstrich

etwa 480 g

Zubereitungszeit: 2 Stunden
Haltbarkeit: gekühlt etwa 2 Wochen

Zutaten:

350 g	Entenbrust
150 g	Schweineschmalz
1	Zwiebel
1	Apfel
1/2 TL	gerebelter Beifuß
1 Msp.	gemahlener Piment
	Salz
	frisch gemahlener Pfeffer

1. Entenbrust unter fließendem kalten Wasser abspülen und trockentupfen. Die Haut mit dem Fett abschneiden. Haut und Fleisch in kleine Würfel schneiden.
2. In einem Topf zuerst die Hautwürfel ausbraten. Die Grieben herausnehmen. Die Fleischwürfel unter Rühren in dem Entenfett anbraten. Das Schweineschmalz vorsichtig hinzugeben und zerlassen. Die Fleischwürfel etwa 90 Minuten bei schwacher Hitze garen, gelegentlich mit einem Holzlöffel umrühren.
3. Zwiebel abziehen, halbieren und in kleine Würfel schneiden. Apfel waschen, abtrocknen, schälen, halbieren, entkernen und ebenfalls in kleine Würfel schneiden. Nach etwa 60 Minuten Garzeit die Zwiebel- und Apfelwürfel mit in den Topf geben.
4. Den Entenbrustaufstrich mit Beifuß, Piment, Salz und Pfeffer würzen und in gründlich gereinigte, mit heißem Wasser gespülte und getrocknete hitzebeständige Gefäße füllen. Aufstrich etwas abkühlen lassen und die Gefäße dann verschließen, kalt stellen.

Brotempfehlung: Schwarz- und Vollkornbrot.

Schnelle Hühnerlebercreme

etwa 350 g

Zubereitungszeit: 25 Minuten, ohne Abkühlzeit
Haltbarkeit: gekühlt 2–3 Tage

Zutaten:

250 g	Hühnerleber
1	Zwiebel
25 g	Butter
1	Lorbeerblatt
2	zerdrückte Wacholderbeeren
	Salz
	frisch gemahlener Pfeffer
	gerebelter Thymian
100 g	weiche Butter
1 TL	Dr. Oetker Finesse Geriebene Zitronenschale
1 EL	Sherry oder Weinbrand

1. Hühnerleber unter fließendem kalten Wasser abspülen, trockentupfen, evtl. Hautreste entfernen. Die Zwiebel abziehen und würfeln.
2. Butter in einer Pfanne zerlassen und die Zwiebelwürfel darin andünsten. Die Leber, das Lorbeerblatt und die Wacholderbeeren hinzufügen. Die Leber von allen Seiten 3–5 Minuten anbraten, mit Salz, Pfeffer und Thymian würzen und etwas abkühlen lassen.
3. Lorbeerblatt entfernen. Die Leber mit der Butter pürieren. Die Zitronenschale unterrühren und die Masse mit Salz und Pfeffer abschmecken. Sherry oder Weinbrand unterrühren.
4. Die Hühnerlebercreme in 2 kleine gründlich gereinigte, gespülte und getrocknete Gläser füllen und mit Deckeln fest verschließen, kalt stellen.

Brotempfehlung: Fladen- oder Stangenweißbrot.

Liptauer Brotaufstrich

etwa 400 g

Zubereitungszeit: 25 Minuten
Haltbarkeit: gekühlt 3–4 Tage

Zutaten:

40 g	weiche Butter
250 g	Speisequark
2 EL	saure Sahne
1 EL	Crème fraîche oder Crème double
2	Schalotten
50 g	geschälte Salatgurke
50 g	Gewürzgurke
1 TL	fein gehackte Kapern
1 TL	fein gehackte Sardellen
1 TL	mittelscharfer Senf
1 TL	Paprikapulver edelsüß
	gemahlener Kümmel
	Salz
	frisch gemahlener Pfeffer

1. Butter geschmeidig rühren. Quark durch ein feines Sieb streichen und mit saurer Sahne, Crème fraîche oder Crème double unter die Butter rühren.
2. Schalotten abziehen. Salat- und Gewürzgurken und Schalotten fein würfeln, zusammen mit Kapern und Sardellen unter die Quarkmasse rühren. Mit Senf, Paprikapulver, Kümmel, Salz und Pfeffer abschmecken.
3. Den Aufstrich in 2 gründlich gereinigte, gespülte und getrocknete Gläser füllen und mit Deckeln fest verschließen, kalt stellen.

Brotempfehlung: Bauernbrot.

Tipp: Zum Servieren den Aufstrich mit Schnittlauchröllchen garnieren.

Rote-Bete-Aufstrich

etwa 500 g

Zubereitungszeit: 30 Minuten
Haltbarkeit: gekühlt etwa 5 Tage

Zutaten:

1 Dose	Ananasstücke (Abtropfgewicht 140 g)
200 g	gekochte Rote Bete (gibt es vakuumverpackt zu kaufen)
5	Sardellenfilets
100 g	Sellerie
1 Bund	Schnittlauch
1 gestr. TL	Bindobin (pflanzliches Bindemittel aus dem Reformhaus) oder 2 EL Semmelbrösel
	Saft von 1 Orange
20 g	Kürbiskerne
1 EL	Hefeflocken (aus dem Reformhaus)
1/2 gestr. TL	Zucker
	Salz
	frisch gemahlener Pfeffer

1. Ananasstücke in einem Sieb abtropfen lassen, dabei den Saft auffangen. Ananasstücke und Rote Bete in kleine Würfel schneiden. Sardellen in Stücke schneiden.
2. Sellerie schälen und in sehr kleine Würfel schneiden. Schnittlauch abspülen, trockentupfen und in Röllchen schneiden.
3. Rote-Bete-Würfel und Sardellenstücke pürieren. Bindobin unterrühren. Von dem aufgefangenen Ananassaft 4 Esslöffel abmessen. Anschließend zuerst Ananaswürfel, Orangensaft und abgemessenen Ananassaft unter die Rote-Bete-Masse rühren, dann Selleriewürfel, Kürbiskerne und Hefeflocken.
4. Rote-Bete-Aufstrich mit Zucker, Salz und Pfeffer würzen, Schnittlauchröllchen unterheben. Aufstrich in 2 gründlich gereinigte, gespülte und getrocknete Gläser füllen. Die Gläser mit Deckeln fest verschließen und kalt stellen.

Brotempfehlung: Rustikales Bauernbrot oder Vollkornbrötchen.

Makrelenfiletaufstrich

etwa 400 g – auch Vorwortfoto rechts

Zubereitungszeit: 20 Minuten
Haltbarkeit: gekühlt etwa 5 Tage

Zutaten:

450 g	geräuchertes Makrelenfilet
2	Frühlingszwiebeln
80 g	Mayonnaise
	Saft von 1 Zitrone
	frisch gemahlener Pfeffer
2–3 Tropfen	Tabasco

1. Makrelenfilet enthäuten und evtl. vorhandene Gräten entfernen. Filet in Stücke schneiden und mit einer Gabel etwas zerdrücken.
2. Frühlingszwiebeln putzen, waschen, gut abtropfen lassen und in dünne Ringe schneiden.
3. Mayonnaise mit Zitronensaft verrühren und mit den Frühlingszwiebelringen unter das zerdrückte Makrelenfilet rühren. Makrelenfiletaufstrich mit Pfeffer und Tabasco abschmecken.
4. Den Aufstrich in 2 gründlich gereinigte, gespülte und getrocknete Gläser füllen. Die Gläser mit Deckeln fest verschließen und kalt stellen.

Brotempfehlung: Vollkornbaguette.

Aufstrich vom Räucherlachs

etwa 450 g

Zubereitungszeit: 30 Minuten
Haltbarkeit: gekühlt etwa 3 Tage

Zutaten:

200 g	Räucherlachs
2	Frühlingszwiebeln
1 Bund	Dill
200 g	Doppelrahm-Frischkäse
1 EL	flüssiger Honig, z. B. Sommerblütenhonig
1 EL	mittelscharfer Senf
	frisch gemahlener Pfeffer

1. Räucherlachs in kleine Würfel schneiden. Frühlingszwiebeln putzen, waschen, abtropfen lassen und in feine Ringe schneiden.
2. Dill abspülen, trockentupfen und die Spitzen von den Stängeln zupfen. Spitzen fein schneiden oder hacken.
3. Frischkäse mit Honig und Senf verrühren. Dill unterrühren. Räucherlachswürfel und Frühlingszwiebelringe mit der Frischkäsemasse verrühren und mit Pfeffer abschmecken.
4. Den Aufstrich in 2 gründlich gereinigte, gespülte, getrocknete Gläser füllen und diese mit Deckeln fest verschließen, kalt stellen.

Brotempfehlung: Pumpernickel oder dunkles Vollkornbrot.

Sardinenaufstrich

etwa 380 g

Zubereitungszeit: 25 Minuten, ohne Abkühlzeit
Haltbarkeit: gekühlt etwa 5 Tage

Zutaten:

200 g	Zucchini
1	Zwiebel
3 EL	Olivenöl
2 Dosen	Sardinen in Öl (je 90 g)
50 g	getrocknete Tomaten, in Öl eingelegt
1 EL	Kapern
	Salz
	frisch gemahlener Pfeffer

1. Zucchini waschen und abtropfen lassen. Die Enden abschneiden. Zucchini in kleine Würfel schneiden. Zwiebel abziehen, halbieren und ebenfalls fein würfeln.
2. Olivenöl in einer Pfanne erhitzen und die Zucchini- und Zwiebelwürfel darin unter Rühren anbraten, anschließend abkühlen lassen.
3. Sardinen und Tomaten in je einem Sieb abtropfen lassen. Sardinen, Tomaten und Kapern in feine Stücke schneiden.
4. Sardinen-, Tomaten- und Kapernstücke mit der Zucchinimischung verrühren und mit Salz und Pfeffer würzen. Sardinenaufstrich in 2 gründlich gereinigte, gespülte und getrocknete Gläser füllen. Die Gläser mit Deckeln fest verschließen und kalt stellen.

Brotempfehlung: Roggen- oder Kürbiskernbrot.

Müsliaufstrich

etwa 500 g – im Foto links

Zubereitungszeit: 15 Minuten
Haltbarkeit: gekühlt etwa 10 Tage

Zutaten:

80 g	getrocknete Feigen
150 g	Früchtemüsli, ohne Zuckerzusatz
50 g	Haferflocken
100 g	Rübenkraut
2–3 EL	Sanddorn (Fruchtzubereitung ungesüßt)
100 ml	Orangensaft

1. Von den Feigen den Stielansatz abschneiden. Feigen in feine Würfel schneiden und mit Müsli und Haferflocken vermischen.
2. Rübenkraut mit Sanddorn und Orangensaft verrühren, unter die Müslimischung rühren und kurz pürieren.
3. Müsliaufstrich in 2 gründlich gereinigte, gespülte und getrocknete Gläser füllen. Die Gläser mit Deckeln fest verschließen und kalt stellen.

Brotempfehlung: Misch- oder Knäckebrot.

Bratapfelaufstrich

etwa 500 g – im Foto rechts

Zubereitungszeit: 25 Minuten
Haltbarkeit: gekühlt etwa 5 Tage

Zutaten:

2	große Äpfel
	Saft von 1 Zitrone
2 EL	Apfelkraut
40 g	Korinthen
3 EL	Weizenkeime
3 EL	Haferflocken
1 Pck.	Dr. Oetker Vanillin-Zucker
1 TL	Dr. Oetker Finesse Orangenfrucht
5 Tr.	Bittermandel-Aroma
1 TL	Spekulatius-Gewürz-Mischung
1/4 TL	gemahlener Zimt

1. Äpfel waschen, abtrocknen, schälen, vierteln und entkernen. Apfelviertel fein raspeln und mit Zitronensaft verrühren, Apfelkraut unterrühren.
2. Korinthen, Weizenkeime, Haferflocken, Vanillin-Zucker, Orangenfrucht, Aroma, Spekulatius-Gewürz-Mischung und Zimt unterrühren. Den Aufstrich in 2 gründlich gereinigte, gespülte und getrocknete Gläser füllen. Gläser mit Deckeln fest verschließen und kalt stellen.

Brotempfehlung: Rosinenstuten, Brötchen oder Hörnchen.

Schokoladenverführung

etwa 350 g

Zubereitungszeit: 15 Minuten, ohne Abkühlzeit
Haltbarkeit: gekühlt etwa 5 Tage

Zutaten:

150 g	Halbbitter-Kuvertüre
50 g	Nuss-Nougat
1–2 EL	lösliches Kaffeepulver
200 ml	Schlagsahne

1. Kuvertüre in Stücke hacken. Nuss-Nougat in kleine Stücke schneiden. Kuvertüre- und Nuss-Nougatstücke in einem kleinen Topf bei schwacher Hitze im Wasserbad zu einer geschmeidigen Masse verrühren.
2. Kaffeepulver in die Sahne einrühren und in einem Topf unter Rühren zum Kochen bringen, kurz aufkochen lassen.
3. Mithilfe eines Schneebesens die Kaffee-Sahne-Mischung unter die Kuvertüre-Nougat-Masse rühren, etwas abkühlen lassen. Schokoladenmasse in 2 gründlich gereinigte, gespülte, getrocknete Gläser füllen und erkalten lassen. Dann die Gläser mit Deckeln fest verschließen und mindestens 3 Stunden kalt stellen.

Brotempfehlung: Buttertoast oder Hörnchen.

Tipp: Rühren Sie vor dem Erkalten noch einen Teelöffel Finesse Geriebene Zitronenschale oder Orangenfrucht unter.

Bananenaufstrich

etwa 500 g – im Foto vorn

Zubereitungszeit: 15 Minuten
Haltbarkeit: gekühlt 3–4 Tage

Zutaten:

2	Bananen
	Saft von 1 Zitrone
250 g	Speisequark
2 EL	Kokosraspel
40 g	Korinthen
1–2 EL	Zucker

1. Bananen schälen, der Länge nach vierteln und in kleine Würfel schneiden. Bananenwürfel mit Zitronensaft verrühren.
2. Quark mit Kokosraspeln, Korinthen und Zucker verrühren, Bananenwürfel untermischen. Den Aufstrich in 2 gründlich gereinigte, gespülte, getrocknete Gläser füllen, diese mit Deckeln fest verschließen und kalt stellen.

Brotempfehlung: Rosinenbrötchen, Toast- oder Knäckebrot.

Fruchtiger Kiwiaufstrich

etwa 380 g – im Foto hinten

Zubereitungszeit: 15 Minuten
Haltbarkeit: gekühlt etwa 5 Tage

Zutaten:

2	Kiwis
2 EL	Apfelkraut
2–3 EL	Sanddorn (Fruchtzubereitung ungesüßt, aus dem Reformhaus)
3 EL	Weizenkeime
4 EL	Haferflocken

1. Kiwis schälen, halbieren und in kleine Würfel schneiden. Apfelkraut mit Sanddorn verrühren und Kiwiwürfel unterrühren. Weizenkeime und Haferflocken ebenfalls unterrühren.
2. Den Kiwiaufstrich in 2 gründlich gereinigte, gespülte und getrocknete Gläser füllen. Die Gläser mit einem Deckel fest verschließen und kalt stellen.

Brotempfehlung: Frisch getoastetes Toast- oder Weißbrot.

Aprikosen-Sanddorn-Aufstrich

etwa 380 g

Zubereitungszeit: 15 Minuten
Haltbarkeit: gekühlt 3–4 Tage

Zutaten:

60 g	getrocknete Aprikosen
100 g	fettreduzierter Frischkäse (17 %)
75 g	Sanddorn (Fruchtzubereitung ungesüßt, aus dem Reformhaus)
125 g	Hüttenkäse
25 g	Zucker

1. Aprikosen in kleine Stücke schneiden. Frischkäse mit Sanddorn und Hüttenkäse verrühren. Aprikosenstücke unterheben.
2. Aprikosen-Sanddorn-Aufstrich mit Zucker verrühren und in 2 gründlich gereinigte, gespülte und getrocknete Gläser füllen. Die Gläser mit Deckeln fest verschließen und kalt stellen.

Brotempfehlung: Vollkorntoast oder Rosinenbrötchen.

Alphabetisches Register

Themenregister

Vegetarische Brotaufstriche

Brotaufstriche mit Fleisch

Brotaufstriche mit Fisch

Süße Brotaufstriche

Umwelthinweis Dieses Buch und der Einband wurden auf chlorfrei gebleichtem Papier gedruckt. Die Einschrumpffolie – zum Schutz vor Verschmutzung – ist aus umweltfreundlichem und recyclingfähigem PE-Material.

Wenn Sie Anregungen, Vorschläge oder Fragen zu unseren Büchern haben, rufen Sie uns unter folgender Nummer an 0521 155-25 80 oder 52 06 45 oder schreiben Sie uns: Dr. Oetker Verlag KG, Am Bach 11, 33602 Bielefeld oder besuchen Sie uns im Internet unter www.oetker.de.

Redaktion Andrea Gloß

Titelfoto Thomas Diercks, Hamburg

Innenfotos Thomas Diercks, Hamburg (S. 43, 45)
Uli Hartmann, Bielefeld (S. 21, 25)
Axel Struwe, Bielefeld (S. 4, 7–11, 15, 19, 23, 27–41, 47–61)
Norbert Toelle, Bielefeld (S. 13, 17)

Rezeptentwicklung und -beratung Hans-Peter Huke, Bielefeld
Mechthild Plogmaker, Dr. Oetker Versuchsküche

Foodstyling Hans-Peter Huke, Bielefeld
Requisite Wolfgang Mentzel, Paderborn

Grafisches Konzept kontur:design, Bielefeld
Gestaltung kontur:design, Bielefeld
Titelgestaltung kontur:design, Bielefeld

Reproduktionen Kruse Reproduktionen GmbH, Vreden
Satz JUNFERMANN Druck & Service, Paderborn
Druck und Bindung MOHN Media • Mohndruck GmbH, Gütersloh

ISBN 3–7670–0903–X